Albert Mantel

Theologie am Nachmittag:
der Kirche und ihren
vielfältigen Ämtern begegnen

T V Z

ALBERT MANTEL

THEOLOGIE AM NACHMITTAG:
DER KIRCHE UND IHREN
VIELFÄLTIGEN ÄMTERN BEGEGNEN

EDITION **NZN**
BEI **TVZ**
Theologischer Verlag Zürich

IMPESSUM

Bibliografische Informationen der Deutschen Nationalbibliothek
Die Deutsche Nationalbibliothek verzeichnet diese Publikation
in der Deutschen Nationalbibliografie; detaillierte bibliografische
Daten sind im Internet über http://dnb.d-nb.de abrufbar.

ISBN 978-3-290-20060-2

Umschlaggestaltung: Simone Ackermann, Zürich
Aquarelle (Umschlag, Textteil): Albert Mantel (Privatbesitz)
Satz und Layout: Mario Moths, Marl
Druck: ROSCH-Buch GmbH, Scheßlitz

© 2010 Theologischer Verlag Zürich
www.tvz-verlag.ch

INHALT

ZUR EINFÜHRUNG

Die kleine Buchreihe, die mit diesem ersten Bändchen begonnen wird, versammelt Vorträge und Artikel, in denen ich versuche, neuere Erkenntnisse der Theologie einer breiteren Leserschaft zugänglich zu machen. Sie entstanden ursprünglich im Rahmen der Wülflinger Veranstaltungsreihe «Theologie am Nachmittag» als Vorträge für jene Generation, die nicht mehr gerne an Abendveranstaltungen geht. Für die vorliegende Publikation wurden alle Beiträge überarbeitet, ergänzt und in eine neue Reihenfolge gebracht. Auch richten sie sich in der aktuellen Gestalt an ein breit gefächertes Zielpublikum, das sich auf gut zugängliche Weise mit der katholischen Kirche auseinandersetzen möchte.

Ihren Inhalt verdanken sie meinen Erfahrungen als Seelsorger und meinem stetigen Interesse für aktuelle theologische Forschung.

Auf den in der Fachliteratur üblichen wissenschaftlichen Apparat wurde bewusst verzichtet, meine eigenen Gedankengänge und Meinungen blieben aber erhalten.

Ich danke Herrn Markus Zimmer von der Edition NZN bei TVZ für die gute Zusammenarbeit und wertvolle Ergänzungen sowie der Römisch-katholischen Körperschaft des Kantons Zürich für die Unterstützung bei der Drucklegung dieses Büchleins.

Wülflingen, im Frühjahr 2010   *Albert Mantel*

BEFINDET SICH DIE RÖMISCH-KATHOLISCHE KIRCHE IN EINER STRUKTURKRISE?

Die römisch-katholische Kirche mit ihrem Zentrum im Vatikan und insbesondere im Papsttum gerät immer dann ins Interesse einer breiteren, auch nicht-katholischen und nicht-religiösen Öffentlichkeit, wenn Verlautbarungen kommen, die in der modernen, zugleich globalisierten und individualisierten Gesellschaft kaum mehr verstanden werden. Noch frisch in Erinnerung – und wohl noch lange in Diskussion – ist die Aufhebung der Exkommunikation von vier Bischöfen der Piusbruderschaft im Sommer 2009 oder die Aufregung über die Ernennung eines umstrittenen Pfarrers zum Weihbischof für die Diözese Linz einige Monate zuvor. Und da waren vor einigen Jahren die Ernennung von

Wolfgang Haas zum Weihbischof von Chur mit Nach-
folgerecht und bereits in den Siebziger Jahren die heftig
umstrittene Enzyklika «Humanae vitae» Pauls VI. mit
ihrem strikten Verbot der so genannten künstlichen
Empfängnisverhütung. Dieses Verbot hat der Kirche
bis heute eine ganze Generation entfremdet, besonders
wenn man auch an die gefährliche Ausbreitung des
HIV-Virus denkt.

In der Sendung «Sternstunden» im Schweizer Fern-
sehen DRS vom Sonntag, 22. Februar 2009, hat es
ein deutscher Theologe auf den Punkt gebracht:
Man habe den Eindruck, der Papst und die vatikanischen Behörden lebten seit einiger Zeit (wie lange schon?) in einer Sonderwelt und nähmen kaum
mehr wahr, was in der wirklichen Welt die Menschen
bewege. Diese Feststellung stimmt nachdenklich, und
das ist, so scheint mir, nicht bloss ein Kommunikati-
onsproblem, sondern ein viel tiefer liegendes Struktur-
problem der katholischen Kirche.

KEIMZELLE HAUSGEMEINDE

Jeder bibelkundlich und kirchengeschichtlich ge-
schulte Christ weiss, dass die verschiedenen Kirchen,
so wie sie heute ausgestaltet sind, erst in einem länger
dauernden Prozess heranwuchsen. Ganz verkürzt
möchte ich festhalten: Am historisch zweifelsfreien

Ursprung haben wir Jesus von Nazaret, der mit seiner Predigt und seinen Machttaten eine Bewegung auslöste, die immer weitere Wellen warf. Sie löste sich langsam aus dem damaligen Judentum und wuchs in die hellenistische Welt hinein. In verschiedenen Städten (Jerusalem, Antiochia, Athen, Korinth, Rom u. a.) entstanden zunächst kleine Hausgemeinden (mehr hierzu im folgenden Kapitel «Die Pluralität frühchristlicher Gemeindeformen»). Mit der Zeit nahmen sie grössere Gestalt an und wurden jeweils entweder von charismatischen Mitgliedern, von einem Presbyterkollegium oder von einem «Episkopos» (Bischof) und seinen Diakonen geleitet. Mit der Zeit etablierten sich diese Dienste des «Episkopos», der «Presbyteroi» und der «Diakonoi» sowie weiterer kleinerer Ämter und wurden zum Klerus im Gegenüber zu den Laien zusammengefasst.

Eine der aufschlussreichsten Studien zum Thema der frühkirchlichen Ämter ist immer noch das Buch von Hans Freiherr von Campenhausen: Kirchliches Amt und geistliche Vollmacht in den ersten drei Jahrhunderten, Tübingen 1953. Sehr empfehlenswert ist auch der Abschnitt Von Jesus zur Kirche im Sammelband Studien zur Frühgeschichte der Jesus-Bewegung von Paul Hoffmann (Stuttgart 1994).

Nun wissen wir: Je grösser eine gesellschaftliche Gemeinschaft ist, desto klarere und festere Leitungsstrukturen braucht sie. So verwundert es nicht, dass das Bischofsamt mit der Zeit immer mehr an Bedeutung gewann. Besonders geachtet waren in der Kirche der ersten Jahrhunderte schliesslich jene Bischofssitze, die sich auf einen Apostel zurückführen konnten, unter anderen auch der Bischofssitz von Rom, wusste er doch gleich zwei Apostel an seinem Ursprung zu nennen: Petrus und Paulus. *Wie* die Bischöfe ernannt oder gewählt wurden, das war bis tief ins Mittelalter hinein sehr verschieden. Auch die besondere Stellung des Bischofs von Rom hat eine wechselvolle Geschichte. Erinnert sei hier nur an das Konzil von Konstanz (1414–1418), das sich gleich drei Päpsten gegenüber sah. Da war Alexander V., gewählt durch das Konzil von Pisa 1409 und sein Nachfolger Johannes XXIII. (1410–1415), der das Konzil von Konstanz eröffnete. Zugleich aber beanspruchten Benedikt XIII. in Perpignan (Frankreich), dem die Staaten der iberischen Halbinsel anhingen, und Gregor XII. in Rom das Papstamt. Einberufen durch König Sigismund auf Drängen der europäischen Länder nahm das Konzil in Konstanz einen äusserst turbulenten Verlauf. Johannes XXIII. und Benedikt XIII. wurden abgesetzt (und nicht anerkannt, weswegen es 1724–1730 wieder einen Papst Benedikt XIII. und im 20. Jahrhundert wiederum einen Papst Johannes XXIII. geben konnte). Gregor XII. dankte ab. In einem komplizierten Verfahren wurde schliesslich Kardinal Colonna als neuer Papst gewählt. Er ging als Martin V. in die Liste der Päpste ein, deren Mosaikabbildungen in der Kirche St. Paul vor den Mauern Roms betrachtet werden können. Damit war das «abendländische Schisma» beendet, das deutlich zeigte, wie verschiedene politische Interessen in die Leitung der Kirche Einfluss zu nehmen vermochten.

FORM UND INHALT NICHT TRENNEN

Es ging bei den Strukturfragen der Kirche aber nicht bloss um die organisatorische Leitung der einzelnen Bistümer und der Gesamtkirche, es ging auch um die möglichst getreue Weitergabe des von Jesus gepredigten Weges zur Herrschaft Gottes, es ging um die Weitergabe des Erbes der ersten christlichen Generation. Die Apostelgeschichte zeigt, wie die Christen ursprünglich in strittigen Fragen zur Entscheidung kamen. Alle – die Apostel, die Ältesten und die ganze Gemeinde – setzten sich zusammen und suchten gemeinsam eine Lösung. Dieses Beispiel hat Schule gemacht, zuerst in den regionalen Synoden (Das griechische Wort bedeutet Zusammenkunft, Versammlung; es wurde lange gleich gebraucht wie

«Konzil».), die ganz verschieden zusammengesetzt sein konnten und auch auf verschiedene Weise zusammengerufen wurden. Schliesslich kam es in den christologischen und trinitarischen Auseinandersetzungen zu den ersten «ökumenischen» (gesamtkirchlichen) Konzilien: Nikaia 325, Konstantinopel 381, Ephesus 431, Chalkedon 451). Auch weltliche Fürsten mischten sich in solche Auseinandersetzungen ein, und es brauchte Jahrhunderte, bis sich der Primat Roms gegenüber den anderen Patriarchaten und Bischofssitzen wirklich durchsetzen konnte. Auf dem Ersten Vatikanischen Konzil (1869/70) kam es dann unter schwierigen Diskussionen zur Definition des päpstlichen Leitungsprimates für die Gesamtkirche und zur Definition der päpstlichen Unfehlbarkeit in grundlegenden Sachen des Glaubens und der Moral. Es war damals eine Reaktion gegen die Aufklärung und die französische Revolution mit ihrer Betonung der Vernunft und der Gewissensfreiheit des einzelnen Menschen. Das jüngste, das Zweite Vatikanische Konzil (1962–1965) setzte gegenüber dem Ersten Vatikanum eine Ergänzung mit seinen Aussagen über das Volk Gottes, die Kollegialität der Bischöfe und die Religionsfreiheit.

DIE GESCHICHTLICHE ERFAHRUNG
FRUCHTBAR MACHEN

Der unvoreingenommene Blick in die Geschichte des
Christentums und vor allem auch der römisch-katholischen Kirche zeigt somit, dass die Kirche ihre Strukturen immer wieder den Erfordernissen der Zeit oder
dann und wann auch gegen die Erfordernisse der Zeit
angepasst hat und anpassen kann. Und um noch kon-
kreter zu werden: Schon in meiner theologischen Ausbildung, die ich noch vor dem Zweiten Vatikanischen
Konzil abschloss, wurde gelehrt, dass die Bischöfe ihr
Amt nicht als Gesandte des Papstes ausüben, sondern
dass sie in erster Linie Hirten ihrer Diözesen seien und
ihnen ihr Amt vom Heiligen Geist anvertraut werde.
Sie verwalten es in Kollegialität mit den andern Bischöfen und mit dem Bischof von Rom, dem nach einem
schönen Wort des Ignatius von Antiochien (1. Hälfte
des 2. Jahrhunderts) der Vorsitz in der Liebe (nicht in
der Lehre, möchte ich anmerken) zukomme.

Nach diesem stark gerafften geschichtlichen Überblick
will ich einige Postulate festhalten, die schon mehrfach
geäussert wurden:

1. Die Bischöfe müssten sich wieder vermehrt als Ver-
   treter ihrer Diözesen gegenüber Rom verhalten und
   nicht so sehr als Gesandte des Papstes.

2. Die Wahl der Bischöfe muss in Zukunft frei durch repräsentative Gremien der einzelnen Diözesen geschehen. Dem Bischof von Rom steht bei gewichtigen Gründen die Nicht-Approbation der Wahl zu.

3. Den nationalen und sprachregionalen Bischofskonferenzen ist eine möglichst grosse Kompetenz zuzugestehen. Damit würden die synodalen Strukturen, die die Kirche in den ersten Jahrhunderten stark prägten, wieder zum Tragen kommen.

4. Um den Zusammenhalt der verschiedenen Bischofskonferenzen untereinander und mit dem Bischof von Rom zu gewährleisten, sollen die Präsidenten der Bischofskonferenzen regelmässig zu Beratungen zusammenkommen zu periodischen Bischofssynoden. An ihnen sollte aber nicht von Rom Vorgegebenes zur Abstimmung kommen, sondern ein freier Meinungsaustausch stattfinden. Das wäre eine gangbare Aufwertung des Bischofskollegiums, wie sie das Zweite Vatikanische Konzil gefordert hat.

5. Die vatikanischen Gremien und der Papst haben die Aufgabe, dort, wo es zwischen einzelnen Bischofskonferenzen zu schwerwiegenden Differenzen kommt, zu vermitteln.

6. Eine solchermassen synodale Kirchenstruktur könnte den ökumenischen Dialog erleichtern, den einzelnen Kulturen und Ländern mehr Möglichkeiten der Inkulturation des Christentums geben, und

die katholische Kirche als Ganze würde nicht mehr
wie ein erratischer monarchischer Block in unserer demokratischen und vielfältigen Gesellschaften
stehen. Sie würde, so glaube ich, auf diese Weise
an Ansehen und Einfluss nur gewinnen. Auch der
Dialog mit den andern Religionen, die ebenfalls
vom Geist Gottes inspiriert sind, wenn auch auf
verschiedene Weise, würde erleichtert und damit
ein Beitrag zur Verständigung und dem Frieden
unter den Völkern geleistet.

> Wie wichtig für den Weltfrieden dieser Dialog unter den
> Religionen ist, hat Hans Küng mit seinem Projekt Welt-
> ethos klar dargelegt. Dabei geht der Schweizer Theologe
> von der Annahme aus, dass es ein alle Kulturen, Gesell-
> schaftsformen und Religionen überspannendes ethisch-
> moralisches Dach (John Rawls prägte den Begriff des
> *overlapping consensus,* des «überlappenden Konseses»)
> gibt, unter dem die je eigenen kulturellen, religiösen und
> soziologischen Normen und Moralvorstellungen ihren
> Platz finden sollten.

DIE PLURALITÄT FRÜHCHRISTLICHER GEMEINDEFORMEN

Wir sind von unserem früheren Religionsunterricht und vielleicht auch von verschiedenen Predigten der Zeit vor dem Zweiten Vatikanischen Konzil her gewohnt, die Kirche, so wie sie heute vor uns steht, als unmittelbare Schöpfung Jesu Christi anzusehen. Diese Sicht der Kirche ist einseitig. Sie berücksichtigt nicht, dass alle christlichen Kirchen das Ergebnis eines langen geschichtlichen Entwicklungsprozesses sind. Wenn wir das Neue Testament ohne dogmatische Brille lesen, also möglichst unvoreingenommen fragen, was es uns über

die Entwicklung und die Formen der frühchristlichen Gemeinden sagt, dann kommen wir zum Schluss, dass am Anfang eine Vielzahl von Gemeindeformen und Gemeindestrukturen steht, die römisch-katholische Kirche, so wie sie heute aufgebaut ist, also erst allmählich gewachsen ist. Im Allgemeinen spricht man von der Grosskirche etwa seit dem vierten Jahrhundert, seit der «Konstantinischen Wende», die mit dem Toleranzedikt von Mailand im Jahre 313 einsetzte: Der römische Kaiser Konstantin I. der Grosse nahm in seiner kaiserlichen Funktion als *pontifex maximus* die Oberaufsicht über die Religionsausübung wahr. Zwar liess er sich erst auf dem Sterbebett taufen, hatte aber während seiner Regentschaft in die Organisation und die Lehre des Christentums massgeblich eingegriffen. Der heute ausschliesslich für den Papst gebräuchliche Titel *pontifex maximus* – nur der Papst ist heute noch mit ähnlicher Vollmacht ausgestattet wie der antike römische Kaiser – zeigt, wie eng in der Antike noch staatliche und religiöse Instanzen miteinander verbunden waren. Hier soll nun nicht die ganze Entwicklung nachgezeichnet werden. Wir beschränken uns darauf zu fragen, was das Neue Testament und andere altchristliche Schriften über die ersten Gemeinden sagen.

Am Ursprung, darüber sind sich alle Wissenschaftler einig, steht das Wirken des Jesus von Nazaret. Zuerst wohl Schüler oder Jünger Johannes des Täufers, ist er predigend und heilend durch Galiläa gezogen, hat in einfachen Worten und Gleichnissen von Gott und seiner Liebe zu den Menschen, vor allem zu den Menschen am Rand der damaligen Gesellschaft gesprochen. Er verkündete die bald anbrechende Herrschaft Gottes und verband das Kommen dieser Herrschaft mit seiner eigenen Person. Zweifellos muss er auf die Menschen einen grossen Eindruck gemacht haben, so dass sich ihm eine Anzahl von Frauen und Männern anschloss, die in den Evangelien als Jünger oder Schüler (das im griechischen Neuen Testament benutzte Wort *diskipoulos* meint beides) bezeichnet werden; dass Frauen in der engsten Gruppe um Jesus von Anfang an mit dabei waren, belegt mit konkreten Namen (Maria Magdalena, Johanna, Susanna) beispielsweise das Lukasevangelium in den ersten Versen des 8. Kapitels.

Nach Jesu gewaltsamen Tod haben sich die Jünger und Jüngerinnen zuerst zerstreut, aber dann bald aufgrund der Ostererfahrungen wieder gesammelt. An verschiedenen Orten bildeten sich kleinere und grössere Haus- und dann Orts-Gemeinden, um die Erinnerung an Jesu Wirken, an seinen Tod und seine Auferstehung wachzuhalten und seine geistig-geistliche Gegenwart unter seinen Anhängern zu feiern. In der Apostelgeschichte lesen wir über das Leben dieser ersten Gemeinde: «Alle, die gläubig geworden waren, bildeten eine Gemeinschaft und hatten alles gemeinsam. Tag für Tag verharrten sie einmütig im Tempel, brachen in ihren Häusern das Brot und hielten miteinander Mahl in Freude und Einfalt des Herzens. Sie lobten Gott und waren beim ganzen Volk beliebt. Und der Herr führte täglich ihrer Gemeinschaft die hinzu, die gerettet werden sollten» (Apg 2,44.45–47).

Im Folgenden wollen wir uns nun vor Augen führen, was die verschiedenen frühchristlichen Schriftsteller über die Formierung der ersten christlichen Gemeinden festgehalten haben.

DIE CHARISMATISCHEN ANFÄNGE

Über die Anfänge der palästinischen Gemeinden und ihre Organisation sind wir nur vage informiert. Über die Entwicklung in Galiläa bleiben uns nur Vermutungen. Möglicherweise bildete sich auch hier ein Zentrum der Jesus-Bewegung bis nach Damaskus. Auf jeden Fall setzt der Bericht des Paulus von seiner Bekehrung (Gal 1,13–17) eine frühe Gemeindebildung dort voraus. Paulus und Lukas bezeugen die Existenz von Gemeinden in Judäa, vor allem in Jerusalem. Um den Zwölferkreis, der schon für Jesus den Anspruch auf die zwölf Stämme Israels, also auf ganz Israel symbolisch zum Ausdruck brachte, hatte sich hier ein Kreis von galiläischen Anhängern gesammelt, um Jesu Wiederkunft zu erwarten. Unter diesen spielten Jakobus, Kephas und Johannes offenbar eine besonders wichtige Rolle: Jakobus als «Herrenbruder» mit hoher Autorität in der judenchristlichen Jerusalemer Gemeinde, Kephas (Simon Petrus) als besonders qualifizierter Glaubenszeuge und Sprecher der «Zwölf» und Johannes (der Jünger, den Jesus liebte und der im Johannesevangelium unter dem Kreuz stand) als Jesu engster Freund. Das alles hatte aber noch keine kirchenrechtliche oder strukturelle Relevanz.

Insgesamt müssen wir uns deshalb die entstehende Kirche, wie schon die Jesusbewegung selbst, als charismatische Bewegung vorstellen. Wanderprediger (Apostel, Propheten, Lehrer, Evangelisten) verkündigen in Jesu Nachfolge die Jesusbotschaft (das «Evangelium») und sammeln Anhänger. Ihre Autorität ist nicht amtlich-institutionell, sondern durch ihre persönliche Geistbegabung begründet, anfangs auch durch die Tatsache, Augen- und Ohrenzeuge Jesu gewesen zu sein. Das berichtet die Apostelgeschichte Kap. 1,21f. bei der Wahl des Matthias als Nachfolger für Judas Iskariot.

DIE ANFÄNGE VON ORDNUNGSSTRUKTUREN BEI PAULUS

Einen direkten Einblick in die frühe Entwicklung der christlichen Gemeinde gewinnen wir anfangs der 50er Jahre durch die Briefe des Paulus. Der Apostel ist Wandercharismatiker, erscheint aber auch als Gemeindeorganisator. Sein Missionsprogramm zielt auf eine dauerhafte Gemeinschaft in den einzelnen Ortsgemeinden und den überregionalen Zusammenhalt unter den Gemeinden. Paulus favorisierte vor allem die Gründung von Gemeinden in den Grossstädten. Das stellt einen entscheidenden Faktor für die weitere Entwicklung dar, denn eine grössere Zahl von Gemeindegliedern verlangt eine Differenzierung der Funktionen und weckt den Bedarf von Ordnungsstrukturen.

Die häufige Erwähnung von Hausgemeinden lässt erkennen, dass sie die Basis für die Stadtgemeinden bildeten. Dabei kam neben den Aposteln, Propheten und Lehrern dem einladenden Hausherrn (oder der Hausherrin, etwa Aquila und Priska, vgl. 1 Kor 16,19) wie von selbst eine führende Rolle zu. Da das antike Hauswesen patriarchalisch strukturiert war, kann man hier einen Ansatzpunkt für spätere Herrschaftsformen sehen. Paulus übersieht aber nicht die Gefahr, dass die ursprüngliche Gleichheit aller in der Gemeinde aufgrund des unterschiedlichen gesellschaftlichen Standes und der Begabung verlorengehen könnte. Dagegen stellt er sein Konzept der vom Geist Gottes geleiteten Gemeinde:

Für die einzelnen Funktionen verwendet Paulus keine einheitliche Bezeichnung. Es handelt sich also noch nicht um feststehende Amtsstrukturen. Es ist von Vorstehenden, Fürsorgenden, Diakonen und Episkopen die Rede, alles Bezeichnungen, die nicht etwa aus dem sakralen heidnischen oder jüdischen Bereich stammen, sondern aus dem weltlichen Bereich. In 1 Kor 12 und Röm 12 wird klar, dass die Leitungsdienste den übrigen Gaben des Apostolats, der Prophetie und Lehre, der Befähigung zum Zuspruch und zur Heilung nicht übergeordnet werden, sondern ihren Platz in der Reihe der grundsätzlich allen offenstehenden Diensten haben, wohlgemerkt offen für Frauen und Männer. Eine notwendige Verbindung dieser Dienste mit der Prophetie oder Lehre ist so wenig gegeben wie beim Vorsitz des Herrenmahles. Dass es viele Dienste, aber nur den einen Geist und den einen Herrn gibt, der in allen wirkt bzw. über allen steht, lesen wir besonders klar formuliert in 1 Kor 12,4–7, wo es heisst: «Es gibt viele verschiedene Gnadengaben, aber nur den einen Geist. Es gibt verschiedene Kräfte, die wirken, aber nur den einen Gott: Er bewirkt alles in allen. Jedem aber wird die Offenbarung des Geistes geschenkt, damit sie anderen nützt.» In 1 Kor 11 erscheint der Vollzug des Herrenmahles deutlich als Sache der ganzen Gemein-

de. Paulus spricht vom Becher, den wir segnen und vom Brot, das wir brechen. Träger der sakramentalen Handlung ist die ganze Gemeinde. Es ist der Herr, der sie um seinen Tisch versammelt. Wer dabei die Einsetzungsworte sprach, war durchaus offen. Im Normalfall wird es der Gastgeber oder die Gastgeberin gewesen sein. Und wichtig: In der Gemeinde waren kraft des Geistes geschlechtsspezifische, ethnische und soziale Unterschiede überwunden. Alle sind einer in

Christus. Die Gemeinde bildet so eine Vorwegnahme des neuen Himmels und der neuen Erde.

In 1 Kor 12 hat Paulus erstmals in der Geschichte ein Gesamtkonzept der christlichen Gemeinde entwickelt. Er verwendet dafür das in der Antike bekannte Bild vom Leib für die menschliche Gemeinschaft. Diesem Leib teilt der Geist Gottes verschiedene Gaben zu. Keiner der Geistbegabten darf sich aber über einen anderen erheben. Gott wirkt alles in allen (vgl. oben). Damit wehrt Paulus deutlich die Gefahr einer Zwei-Klassen-Gesellschaft in der Gemeinde ab, die in der Grossstadt Korinth eine wirtschaftliche und soziale Realität war. Alle Begabungen sind grundsätzlich gleich wertvoll. Für Paulus verdeutlicht das Bild vom Leib, dass es in der Gemeinde vielerlei Begabungen gibt, die sich gegenseitig als gleichwertig respektieren und zum Nutzen aller zusammenwirken müssen. Die Gemeinde ist plural strukturiert und auf Solidarität angewiesen. Die Liebe im Sinne von Achtung, Wertschätzung und Nachsicht wird zum massgeblichen Kriterium jedes Dienstes, wie das paulinische Hohelied der Liebe im 13. Kapitel des Ersten Korintherbriefes belegt.

DIE ALLMÄHLICHE AUSBILDUNG VON AMTSSTRUKTUREN

Die neutestamentlichen Spätschriften und die Schriften der Apostolischen Väter geben uns Aufschluss da-

rüber, wie allmählich Amtsstrukturen entstehen. Die
Stadtgemeinden gewinnen an Bedeutung, werden grösser, und so ist es nötig, dass sie sich stärker organisie-
ren, als es in den Anfängen der Fall war. Es entstehen
Führungseliten, die immer mehr Funktionen an sich
ziehen, besonders jene der Lehre und der Leitung und
des Vorsitzes in der Eucharistie. Diese Führungseliten
stehen den übrigen Gemeindegliedern gegenüber. Es
entsteht allmählich eine Zwei-Stände-Kirche, die sich
an Organisationsformen der antiken Stadtgemeinde
anlehnen. Das ist notwendig einerseits aufgrund der
Grösse der Stadtgemeinden, anderseits aufgrund der
Verzögerung der Wiederkunft Christi und damit verbunden aufgrund des Wunsches, die Lebenspraxis Jesu
und die damit verbundenen Regeln möglichst unver-
fälscht zu bewahren.

Der Epheserbrief hebt besonders die Rolle der Evangelisten, also derjenigen, die als Wandercharismatiker
das Evangelium verkünden, der Hirten und Lehrer
hervor. Er blickt am Ende des 1. Jahrhunderts auch
schon auf die christliche Gründergeneration zurück,
die besondere Bedeutung erhält. Alle Dienste in der
Gemeinde haben aber immer noch charismatischen
Charakter. Sie alle sollen zum Aufbau des Leibes Christi beitragen, dessen Haupt der himmlische Christus ist.
Hier wird erstmals so etwas wie eine theologische Lehre von der Kirche als Heilsanstalt vorgetragen, aber
immer noch im Rückgriff auf die geistgewirkte Ge-

meindestruktur des Paulus. Die verschiedenen Dienste stehen innerhalb der Gemeinde und nicht über ihr. Besonderes Gewicht haben die Missionare, die Lehrer und die Gemeindeleiter. Sie stehen gleichwertig nebeneinander, die Konzentration auf das eine Amt des Gemeindeleiters ist noch nicht vollzogen. Überhaupt kann im Epheserbrief eigentlich noch nicht von Ämtern in einem rechtlichen Sinn gesprochen werden. Es sind immer noch charismatische Dienste, die der erhöhte Herr seiner Gemeinde zuteilt.

Die erhaltenen Zeugnisse belegen den Variantenreichtum der Entwicklung, die erst gegen Ende des 2. Jahrhunderts zur allgemeinen Durchsetzung einer Gemeindeverfassung mit einem einzigen Bischof an der Spitze führen wird. Merkmale einer Presbyterverfassung, die ursprünglich aus den judenchristlichen Gemeinden stammt, und einer Episkopalverfassung durchdringen sich vielfältig. Daneben bestehen noch eine ganze Reihe älterer Gemeindeorganisationen weiter, wie etwa die Offenbarung des Johannes mit ihrer Wertschätzung der christlichen Propheten zeigt.

Ein wichtiges kirchengeschichtliches Dokument ist die Didache, eine Art Kirchenordnung, die uns das Bild der syrischen Gemeinden am Anfang des 2. Jahrhunderts vorzeichnet. Hier haben die Episkopen und Diakone die Wandermissionare abgelöst. In weiten Teilen Kleinasiens etablieren sich zu gleicher Zeit Presbyterkollegien als Leitungsgremium der Gemeinden. Diese Form stammt aus der jüdischen Synagogalverfassung. So heisst es etwa beim Abschied von Paulus in Milet, dass er dort die Ältesten der umliegenden Gemeinden kommen liess. Ihnen schärfte er ein: «Gebt acht auf euch und auf die ganze Herde, in der euch der Heilige Geist als fürsorgliche *Bischöfe* eingesetzt hat, zu weiden die Kirche Gottes, die er sich erworben hat durch *sein eigenes Blut*» (Apg 20,28).

> Zu meinen Hervorhebungen im Bibelzitat sei erklärt: *Bischöfe* legt die Vermutung nahe, als gäbe es zur Zeit des Paulus schon eine klar umrissene Amtsstruktur, was ökumenisch durchaus kontrovers diskutiert wird. Das *eigene Blut* spielt auf den Kreuzestod Jesu an; die Einheitsübersetzung schreibt deshalb, wie auch einige frühe Handschriften bereits formulieren: *durch das Blut seines eigenen Sohnes*.

Dieses Leitungsgremium ist auch im 5. Kapitel des 1. Petrusbriefes zu erkennen. Die Apostelgeschichte des Lukas betont damit, dass die Presbyter in der Gemeinde vom Heiligen Geist eingesetzt sind. Sie haben auf sich selbst und die ganze Herde Gottes achtzugeben, in der sie als Episkopen bestellt sind. Die Bezeichnungen «Episkopos» und «Presbyter» werden noch durchaus vermischt gebraucht. Es besteht noch nicht die spätere engere Ämterbezeichnung.

Wir könnten nun noch weitere frühchristliche Schriften auf Einzelnes hin überprüfen, etwa den ersten Clemensbrief (Clemens war Bischof von Rom gegen Ende des ersten Jahrhunderts; sein Brief ergeht nach Korinth wegen der Absetzung von Presbytern) oder die Briefe des Ignatius von Antiochien im 2. Jahrhundert. Diese Zeugnisse der «Apostolischen Väter» und viele andere Belege zeigen, dass die frühen Gemeinden eine Vielzahl von Organisationsformen kennen und sich erst allmählich (um die Wende vom 1. zum 2. Jahrhundert), wie uns die Pastoralbriefe bestätigen, die Gemeindeleitung durch einen Episkopos, den Bischof, durchsetzt. Noch aber ist dieser Bischof Leiter einer einzelnen Gemeinde. Die Gründung von ganzen Regionen als Bistümer mit mehreren Pfarreien erfolgt wieder bedeutend später, nämlich zwischen dem 4. und 9. Jahrhundert. Die ältere Bezeichnung «Diözese» stammt aus der römischen Staatsverfassung und wurde für sehr verschiedene kirchliche Grössen gebraucht.

Matthäus wiederum sieht die Kirche als Gemeinschaft der Brüder und Schwestern Jesu. Ein hierarchisches Gemeindemodell wird von ihm abgelehnt. Die Anrede «Rabbi» (Meister) und «Abba» oder gar «Pater» (Vater) wird den Jüngern Jesu verboten, nur einer ist ihr Lehrer und Meister: Christus. Alle andern sind Lernende. Und nur einer ist «der Vater»: Gott (vgl. Mt 23,9).

Dieser kurze Blick in die Entwicklung frühchristlicher Gemeinde organisiert will uns zeigen, wie verschiedenartig die Gemeinden strukturiert sein konnten. Man passte die Strukturen immer wieder den geschichtlichen und örtlichen Gegebenheiten an. Erst später erfolgt in einem langen Entwicklungsprozess jene Verfestigung der Dienste und Ämter in der Kirche, die heute von vielen als sakrosankt angesehen wird. Von Jesus und seinem Geist her haben die Kirchen auch heute die Aufgabe, ihre Strukturen und Organisationsformen den Erfordernissen der Zeit anzupassen, damit die Botschaft von der Vatergüte Gottes, die Jesus uns verkündet hat, zu den Menschen sprechen kann.

Dazu gehören ernstzunehmende Fragen wie die Befähigung von Frauen zu Diensten und Ämtern in der Kirche oder solche nach der Entscheidungskompetenz von Bischofskonferenzen einzelner Gebiete, aber auch die Herausforderung in der Zukunft, die Arbeitsfelder kirchlichen Handels neu zu bestimmen.

KIRCHENMUSIK UND GEMEINDEGESANG NACH DER LITURGIEREFORM DES ZWEITEN VATIKANISCHEN KONZILS

Es ist allgemein bekannt, dass die Eucharistiefeier, wie wir sie heute gewohnt sind, ihren Ursprung in Jesu letztem Mahl mit seinen Jüngern hat. Schon die Apostelgeschichte des Lukas berichtet uns, dass die Jüngerinnen und Jünger Jesu in ihren Häusern zusammenkamen, um miteinander das Brot zu brechen, und

so die Erinnerung an den Gekreuzigten und Auferstandenen wachhielten (vgl. die Pfingstpredigt des Petrus Apg 2,14–36 und das Gemeindesummarium Apg 2,43–47). Sie glaubten auch, dass der zum Himmel erhöhte Herr auf diese Weise in ihrer Mitte gegenwärtig sei. Ursprünglich waren diese Mahlfeiern mit einem Sättigungsmahl verbunden, um so auch den Zusammenhalt der Christen untereinander zu fördern.

Um die Wende vom ersten zum zweiten Jahrhundert löste sich die Eucharistie aus dem Sättigungsmahl heraus. Im 1. Korintherbrief wird deutlich, dass das Miteinander von Sättigungsmahl und Eucharistie zu Unstimmigkeiten, etwa zwischen Arm und Reich, führte. Paulus ermahnt die Gemeindeglieder deshalb, sie sollen sich zu Hause sättigen und erst dann zum Herrenmahl zusammenkommen. Bald wurde dann der Eucharistie ein Wortgottesdienst nach dem Vorbild des jüdischen Synagogengottesdienstes vorangestellt. Er enthielt Schriftlesungen, eine entsprechende Auslegung und Psalmengesang. Von hier aus entwickelten sich mit der Zeit verschiedene Liturgieformen, deutlich unterschieden im Westen und im Osten. Aber auch im Westen war die Liturgie keineswegs einheitlich. Es gab eine römische Liturgie, eine gallikanische Liturgie (Frankenreich), eine mozzarabische bzw. westgotische und altspanische Liturgie (Spanien), eine ambrosianische Liturgie (Mailand), eine beneventanische Liturgie

(Süditalien) und eine iro-schottische Liturgie (Irland und seine Missionsgebiete). Schliesslich setzte sich die römisch-lateinische Liturgie im Abendland immer mehr durch (etwa vom 5./6. Jahrhundert an bis ins 11. Jahrhundert). Heute existiert als lebendige Liturgieform neben der römischen noch die ambrosianische Liturgie in und um Mailand. Auch in einigen wenigen Tessiner Ortschaften kann ihr noch begegnet werden. Bemerkenswert für die liturgische Vielfalt sind die Unterschiede und Gemeinsamkeiten für die Formen des Gesangs, der in der Liturgie die einzige Form der musikalischen Gestaltung war. In allen liturgischen Traditionen lassen sich Gemeinsamkeiten in Texten finden; zum Teil ist dies naheliegend, weil sehr viele biblische Texte vertont worden sind, doch es fallen auch Parallelen bei nichtbiblischen Gesängen auf, so kennen alle das heute noch gebräuchliche Kyrie. Die grössten Unterschiede finden sich aber in den Melodien – soweit sie noch rekonstruierbar sind – die die jeweiligen Liturgien charakterisiert hatten, bevor sich der «Gregorianische Choral», also die Gesänge der römischen Liturgie, immer mehr durchsetzte und zur Norm für die Kirchenmusik bis zur Zeit der Renaissance wurde. Mit dem Ende des Mittelalters setzte Mehrstimmigkeit ein, und besonders durch die Reformation wurde Latein als Sprache in der Kirchenmusik um die Muttersprachen erweitert und immer mehr abgelöst.

Springen wir zur Neuzeit: Den Älteren unter uns ist die lateinische Liturgie, wie sie vor dem Zweiten Vatikanischen Konzil gefeiert wurde, noch in Erinnerung. Die Liturgiekonstitution des Konzils brachte dann einige nicht unwichtige Veränderungen, die lange schon im Zuge der liturgischen Erneuerung, die vor allem im deutschen Sprachraum in der ersten Hälfte des 20. Jahrhunderts einsetzte, gefordert und zum Teil auch vorweggenommen worden waren. Es sind wohl folgende Anliegen gewesen, die den Bischöfen damals am Herzen lagen, als sie die Liturgiekonstitution auf dem Konzil verabschiedeten: Die Eucharistiefeier sollte für alle Gläubigen verständlich sein. Der Ablauf wurde deshalb vereinfacht und sukzessive die Volkssprache eingeführt. Überflüssiges wurde fallen gelassen, und der Vorsteher der Feier zelebrierte nun mit dem Gesicht zur Gemeinde und nicht mehr zum Kreuz an der Altarwand hin. Neben der Vereinfachung der Riten und der Zulassung der Volkssprache war auch die aktive Teilnahme der Gläubigen in den Antworten auf die Zurufe des Vorstehers («Zelebrant»), in gemeinsam gesprochenen Gebeten und im Gemeindegesang ein wichtiges Anliegen des Konzils. Zudem betonte man auch die Inkulturation, d. h. die Anpassung der liturgischen Formen an die verschiedenen Kulturen (z. B. in Afrika liturgische Tänze und viel Gesang, verschiedene liturgische Kleidungen). Man sprach jetzt nicht mehr einfach vom Messe-Lesen, sondern von Liturgiegestaltung. Damit bekamen die «Zelebranten» und die anderen mit der Liturgie Betrauten eine grössere Freiheit, aber auch eine grössere Verantwortung.

Was geschah nach dem Konzil vor allem auf kirchenmusikalischem Gebiet? Neben die Choral- und Orchestermessen traten für die Kirchenchöre deutsche vierstimmige Gesänge, Wechselgesänge und Akklamationen sowie für alle Gottesdienstteilnehmenden eine neue Vielfalt von Gemeindeliedern, in den Alpenländern Jodlermessen und für die Jugend «Beat»-Messen und Popmusik. Vieles wurde anfänglich mit Begeisterung aufgenommen, verflachte aber mit der Zeit wieder. Die Einsicht wuchs, dass es in der Liturgie nicht einfach um möglichst viel Betrieb gehen darf, sondern dass sie auch zur Besinnung und inneren Ruhe führen soll. Daneben waren viele neuere Gemeindegesänge musikalisch und textlich eher flach. In manchen Pfarreien ergaben sich nach der Liturgiereform Spannungen zwischen dem Wunsch nach möglichst viel Volksgesang und dem Anliegen der Kirchenchöre, wertvolles musikalisches Gut einzubringen. Heute plädiert man für eine Vielfalt der musikalischen Formen, wozu ich am Schluss dieses Kapitels einen Vorschlag machen möchte.

Zuvor aber sei noch eine wichtige liturgische Unterscheidung grundgelegt. Man unterscheidet das Ordinarium (die gleich bleibenden Texte und Gesänge: Kyrie, Gloria, Credo, Sanctus mit Benedictus und

Agnus Dei) und das Proprium (die je nach Sonntag und Festtag verschiedenen Texte und Gesänge: Introitus, Graduale, Alleluja, Offertorium und Communio, auf deutsch: Eingangslied, Antwortgesang (nach der Lesung), Hallelujaruf (vor dem Evangelium), Lied zur Gabenbereitung, Begleitgesang zur Kommunionausteilung.

Die Ordinariumsgesänge sollen nicht durch irgendwelche anderen Lieder ersetzt werden, da ihr Text wichtiges Glaubensgut enthält; das betonen neuere Gottesdienstordnungen wieder stärker. Deshalb bestehen für das Ordinarium meist nur rein musikalische Gestaltungsalternativen (z. B. könnte das Sanctus einmal als Gemeindelied, ein andermal als Wechselgesang zwischen Kantoren und Gemeinde gewählt werden). Für das Proprium bieten sich dagegen unzählige musikalische und textliche Gestaltungsmöglichkeiten an, die es zu kennen und entsprechend anzuwenden gilt.

Wo eine Orgel vorhanden ist, sollten meines Erachtens einzelne Propriumsgesänge durch ein entsprechendes Orgelspiel ersetzt werden können, obwohl das offiziell nicht vorgesehen ist. Auf diese Weise würden die Orgel und auch andere Instrumente z. B. als Mittel zur Meditation eingesetzt. Der Begriff Kirchenmusik vom ganz ursprünglich «einfachen» Gesang erhielte immer mehr den Platz im Gottesdienst, den Musik in unserer Kultur, in unserem Alltag inzwischen hat.

Für die Praxis sehe ich unter Berücksichtigung des vom Konzil Angestrebten verschiedene Möglichkeiten:

1. Einfacher Sonntagsgottesdienst mit Liedern aus dem Kirchengesangbuch (Propriumsgesänge) und gemeinsam gesprochenen oder gesungenen Ordinariumsgesängen. Das Sanctus soll immer gesungen werden.

2. Familiengottesdienste und Jugendgottesdienste mit Gesängen, die dieser Gruppe angepasst sind. Wir leben heute in einer Vielzahl von musikalischen Kulturen.

3. Lateinische Choralmesse: Die Gemeinde singt im Wechsel mit dem Chor die Ordinariumsgesänge (*missa mundi, missa de angelis*); die Schola singt das oft sehr anspruchsvolle und sehr schöne Proprium (z. B. *Puer natus est*; *Viri Galilaei*).

4. Deutsche Messfeier mit Kirchenchor: Hier kann ein Wechsel zwischen Gemeindeliedern und deutschsprachigen mehrstimmigen Chorsätzen stattfinden.

5. Feierlicher Gottesdienst an besonderen Tagen des Kirchenjahres: Der Chor singt ein mehrstimmiges Ordinarium von Mozart, Schubert, Haydn usw. Die Gemeinde singt ein Einzugslied und einen Dankgesang am Schluss, gewissermassen als Rahmen für den ganzen Gottesdienst, sowie den Hallelujaruf. Die Orgel kommt «zu Wort» beim

Antwortgesang, bei der Gabenbereitung und beim Kommuniongang sowie zum Auszug.

6. Feierlicher Gottesdienst mit Gemeindegesängen und verschiedenen Instrumentalisten. Hier wird die Gemeinde in der Regel das Ordinarium singen, die Instrumente mit der Orgel werden beim Proprium eingesetzt.

Auf diese vielfältige Weise sollten möglichst viele Gemeindeglieder mit Freude den Gottesdienst mitfeiern können und sowohl ein Kirchenchor wie auch eine Choralschola einen Platz haben. Der liturgische Ablauf der Eucharistiefeier, wie ihn das nach der Liturgiereform herausgegebene Messbuch enthält, muss aber bei allen Formen gewahrt bleiben, damit die Gemeinde sich in diesem Ablauf zu Hause fühlt.

Für Messfeiern im kleinen Kreis und mit Kindern gelten besondere Richtlinien.

DIE KRISE DES KATHOLISCHEN PRIESTERBILDES
Bemerkungen zum kirchlichen Amt aus biblischer Sicht

Die Diskussion über das kirchliche Dienstamt scheint einer inneren Notwendigkeit zu entsprechen. Sie bewegt heute alle, die ein solches Amt ausüben, und sie bewegt auch die zahlreichen katholischen Gemeinden, die ohne Pfarrer am Ort leben müssen und damit schon

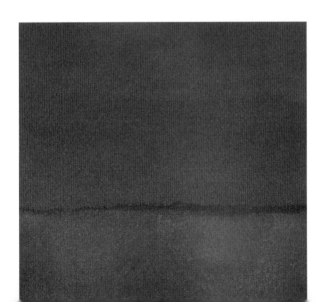

verschiedenste Erfahrungen gemacht haben. Die folgenden fünf Punkte spannen einen ersten Hintergrund auf, vor dem der Priesternachwuchs in der katholischen Kirche so drastisch zurückgegangen ist:

1. Der grundsätzliche Vorbehalt vor allem jüngerer Menschen gegen institutionalisierte Religiosität,
2. die Ausrichtung unserer Gesellschaft auf Unterhaltung und materiellen Gewinn,
3. die Angst der jüngeren Generation vor lebenslänglichen Bindungen,
4. die Aufwertung von Eros und Sexualität und deshalb eine kritische Haltung gegenüber dem verpflichtenden Zölibatsversprechen bei der Diakonatsweihe,
5. die Ablehnung des Klerikerstandes als Gegenüber zum Stand der «Laien».

VIELFALT VON DIENSTEN

Diese Aufzählung ist nicht unbedingt vollständig, braucht aber in keiner Weise weiter ausgeführt zu werden. Vielmehr möchte ich hier einen kurzen Abriss über das kirchliche Amt geben, wie es sich in den Anfängen der christlichen Bewegung gezeigt hat. Aus dem Blick in die Geschichte können wir zu einer besseren Beurteilung der gegenwärtigen Situation kommen und nach Auswegen aus der Krise des katholischen Priesterbildes suchen. Das vorangegangene Kapitel «Die Pluralität frühchristlicher Gemeindeformen» hat dazu bereits den Rahmen gesteckt.

Wie das Neue Testament uns bezeugt, und zwar in der Apostelgeschichte und in den Briefen (Paulusbriefe, Jakobusbrief, Petrusbriefe, Johannesbriefe, angedeutet im Judasbrief), gab es in den ersten christlichen Gemeinden viele verschiedene Dienste. Da waren natürlich in erster Linie die **Zwölf,** die wir als Apostel bezeichnen und die Augen- und Ohrenzeugen des Lebens Jesu waren, wie es bei der Wahl des Matthias als Ersatz für Judas ausdrücklich heisst (Apg 1,21f.). Dann kamen die **Sieben** hinzu, unter denen Stephanus und Philippus eine besondere Rolle spielten. Die Sieben waren eigentlich für die gerechte Verteilung der materiellen Güter gewählt worden, da die Jerusalemer Urgemeinde in einer Gütergemeinschaft lebte: «Keiner nannte etwas von dem, was er besass, sein Eigentum, sondern sie hatten alles gemeinsam» (Apg 4,33). Wir erfahren dann aber bald, dass die Sieben auch predigten und tauften. So vernehmen wir etwa von der grossen Rede des Stephanus in Apg 7 oder von der Taufe eines Äthiopiers durch Philippus (Apg 8,26–40). Die christliche Tradition nennt sie «Diakone», «Diener», so erstmals in Phil 1,1. Hier ist der Hinweis wichtig, dass die «Zwölf» von Jesus gesammelt wurden, die «Sieben» hingegen wurden von der Gemeinde aus einer praktischen Notwendigkeit heraus bestellt. Diese Unterscheidung ist recht bedeutsam für die Begründung von Ämtern und für die Frage, ob die Kirche die Vollmacht besitzt, diese neu zu bestimmen. Aus biblischer Hinsicht scheint dem nichts entgegenzustehen. Daneben werden, etwa im dritten Johannesbrief, Wandermissionare erwähnt (3 Joh 5–8), ohne ihren Dienst genauer zu beschreiben, vielleicht mit diesen identisch auch Lehrer – und unter diesen Irrlehrer (2 Tim 3,1–8).

Petrus tritt uns in den Evangelien oft als eine Art Sprecher und Anführer der übrigen Apostel entgegen. Diese hervorgehobene Stellung geht zurück auf das Gespräch Jesu mit seinen Jüngern in Caesaraea Philippi, an der heutigen Grenze von Israel und dem Libanon (Mt 16,13–20). Eine besondere Stellung kommt auch Paulus zu, der als dreizehnter zu den Aposteln hinzugezählt wurde, ohne dass er Augen- und Ohrenzeuge des Lebens Jesu gewesen war. Er war ein klassischer Konvertit, ein «Bekehrter», der sich schon sehr bald einer neuen Gruppe zuwandte, um das Evangelium zu verbreiten: den so genannten Heidenchristen (Apg 9,1–31).

«Heiden» waren in erster Linie Menschen, die schon mit dem jüdischen und alttestamentlichen Gedankengut vertraut waren, sich aber aus gesellschaftlichen (beruflichen, politischen, familiären) Gründen nicht beschneiden liessen (denn erst durch die Beschneidung konnte ein Mann zum Judentum konvertieren). «Heidenchristen» konnten sich nun dank der Hartnäckigkeit des Paulus in der Auseinandersetzung mit Jakobus dem durch Jesus «reformierten» jüdischen Glauben, also dem Christentum zuwenden, ohne sich beschneiden lassen zu müssen; vgl. Gal 2, 1–9.

In den Augen vieler Gläubigen gilt Paulus noch heute als der Apostel schlechthin, vor allem weil er durch seine grossen Missionsreisen, die ihm zugeschriebene neutestamentliche Briefliteratur und seine Autorität in der Urkirche neben Petrus der bekannteste Apostel ist.

Gemäss den Aufzählungen der Geistesgaben, die Paulus im 12. Kapitel des 1. Korintherbriefes macht, gab es innerhalb der Gemeinde noch eine ganze Fülle von verschiedenen Diensten.

«ÄLTERE» – KEINE «PRIESTER»

Für die Leitungsfunktion stellen wir, etwas vereinfacht, (das gilt nicht nur für Paulus) zwei Modelle fest. Es gab Gemeinden, die von einem Vorsteher oder Aufseher geleitet wurden. Griechisch war das der «Episkopos» oder der «Prohistamenos». Die erste Bezeichnung wurde dann im Deutschen durch Sprachentwicklung zum Wort «Bischof». Und es gab Gemeinden, die von mehreren Ältesten geleitet wurden, griechisch «Presbyteroi», aus dem im Deutschen dann das Wort «Priester» wurde. Die genauere Übersetzung wäre: «die Älteren» oder «die Ältesten». Das griechische Wort für Priester heisst nämlich «Hiereus». Es wurde im Zusammenhang mit dem heidnischen und jüdischen Opferkult verwendet und für die christlichen Amtsträger absichtlich nicht gebraucht, um sie von eben diesen Opferpriestern zu unterscheiden. Die begriffliche Abgrenzung war auch deshalb sinnvoll, weil das Christentum in seinem Anfangsstadium noch sehr nahe beim Judentum angesiedelt war.

Im Gegensatz zu Judentum und Heidentum kennt das Christentum keine blutigen Opfer, da sich Christus gemäss dem Hebräerbrief ein für alle Mal zum Opfer brachte und damit die Sünden der ganzen Welt sühnte (Hebr 7,25–28). Er allein ist nach der Theologie des Neuen Testamentes der «Priester auf ewig», wie es im 5. Kapitel des Hebräerbriefes heisst. Und neben Christus wird im 1. Petrusbrief, 2. Kapitel, die ganze christliche Gemeinde als «heilige Priesterschaft» bezeichnet, um Gott geistliche Opfer darzubringen, nämlich Taten der Liebe, des Gebetes und der Gerechtigkeit. Für den kirchlichen bzw. zunächst christlichen Amtsträger kennt das Neue Testament den Titel «Priester» nicht.

Wir haben also am Anfang der christlichen Bewegung eine Vielfalt der Dienste und Ämter, ohne dass erschöpfend und klar überliefert wäre, was der Einzelne oder die Einzelne tat und tun durfte. Je mehr aber eine Organisation wächst, umso klarere Leitungsstrukturen braucht sie. Bis zum 3. Jahrhundert waren deshalb die kirchlichen Ämter noch sehr anpassungsfähig, allmählich kristallisierte sich vor allem die Dreizahl von Bischof, Presbyter und Diakon heraus. Daneben gab es weiter eine Fülle von Diensten für Frauen und Männer. In Anlehnung an jüdische Überlieferung wurden die wichtigeren Ämter durch Handauflegung und Gebet übertragen.

Tertullian hat den römischen Begriff *ordo* für das Amt in die Theologie eingeführt, und in der Folge kam dann die Bezeichnung *ordinatio* für die Amtsübertragung auf. Wann genau diese Amtsübertragung zum ersten Mal «Sakrament» genannt wurde, konnte ich nicht feststellen. Die Siebenzahl der Sakramente wurde viel später, in der Erklärung des Zweiten Konzils von Lyon (1274) und dann wieder während der Gegenreformation im Konzil von Trient (1545–1563) festgehalten. *Ordinatio,* die als sechstes Sakrament aufgezählt wird, meint so viel wie Einreihung in die kirchliche Amtsträgerschaft. Das lateinische Wort gibt man deshalb am besten mit dem Fremdwort «Ordination» wieder. Die Übersetzung mit «Priesterweihe» suggeriert etwas, was das Neue Testament gerade vermeiden wollte. In der heutigen deutschen Umgangssprache sind die Bezeichnungen für die Berufe, die die so Ordinierten als Seelsorger ausüben: Bischof, *Pfarrer,* Diakon.

In der deutschschweizerischen Umgangssprache bedeutet «Pfarrer» einfach Seelsorger oder Seelsorgerin und nicht Leiter einer Pfarrei wie im Kirchenrecht. Ich denke deshalb, es wäre an der Zeit, die Amtsbezeichnung «Pfarrer», «Pfarrerin» allen zukommen zu lassen, die als Seelsorger oder Seelsorgerin tätig sind (was natürlich auch ihre «Ordination» voraussetzen würde).

ÖFFNUNG DES AMTES

In der nachneutestamentlichen Literatur wurde das kirchliche Amt immer mehr sakralisiert und hierarchisiert und damit ein Unterschied zwischen Klerikern und Laien heraufbeschworen, den es so ursprünglich nicht gab. Alle Gläubigen bilden *ein* priesterliches Gottesvolk, was auch das Zweite Vatikanische Konzil in der Dogmatischen Konstitution über die Kirche «Lumen gentium» vom 21. November 1964 wieder mit aller Deutlichkeit hervorgehoben hat.

WAS BEDEUTET DAS ALLES FÜR DIE HEUTIGE SITUATION?

1. Es braucht in der Kirche ein rechtmässig übertragenes Amt. Ich kann mich, um ein nicht kirchliches Beispiel zu gebrauchen, auch nicht selbst zum Notar machen oder zum Stadtpräsidenten erklären. Die Handlungen oder Unterschriften, die ich dann tätigen würde, wären rechtlich ungültig.
2. Dieses kirchliche Amt soll weiterhin die Dreiteilung von Diakon, Presbyter und Bischof kennen und

durch eine öffentliche und sakramentale Ordination mit Handauflegung übertragen werden. *Wer* die Amtsträger wählt oder bezeichnet, das kann ganz verschieden geregelt sein. Es sind zweifellos viele Varianten möglich, wie die Kirchengeschichte zeigt. Die Handauflegung, also die Amtsübertragung soll nach katholischer Tradition weiterhin der Bischof unter Teilnahme von weiteren Presbytern («Pfarrern») vornehmen.

3. Die Dienstämter sollen Frauen und Männern offenstehen. Es gibt trotz gegenteiligen Aussagen keine stichhaltigen theologischen Gründe gegen die Frauenordination. Die bisherige Praxis der reinen Männerordination in der katholischen Kirche hat kulturelle, soziologische, aber auch theologisch-spirituell aufgeladene metaphorische Begründungen, die Jesus so nicht festgeschrieben hat. Vor allem aber erschwert in einer aufgeklärten Welt von heute das allegorische Verständnis des Amtes als Repräsentant Christi und der Kirche die Nachvollziehbarkeit der Begründung für die ausschliesslich Männern vorbehaltene Ordination.

4. Dass der Zölibat etwas Wertvolles ist und die Verfügbarkeit des Amtsträgers oder der Amtsträgerin erhöht, ist nicht anzuzweifeln. Er ist bekanntlich aber nur sehr langsam in die westliche Kirche eingedrungen und brauchte viele Jahrhunderte, bis er sich schliesslich durchsetzte. Faktisch wurde und

wird die «Theorie» durch die Praxis immer wieder unterlaufen.

5. Die Ostkirchen kennen den Pflichtzölibat nur für die Bischöfe. So bleibt, auch im Blick auf die anderen christlichen Konfessionen, die dauernde Forderung, der Zölibat als Lebensform sollte für die kirchlichen Amtsträger freigestellt werden.

6. Das Psalmwort: «Du bist Priester auf ewig» wendet der Hebräerbrief in Kap. 5, Vers 6 auf Christus an. Erst später wird es auch für den kirchlichen Amtsträger gebraucht. Damit wäre zu überlegen, ob in der heutigen Situation mit dem häufigen Berufswechsel in allen Berufsgattungen der Beruf eines Pfarrers, einer Pfarrerin noch für ein ganzes Leben gewählt werden muss. Das ist in den Kirchen der Reformation bekanntlich nicht der Fall.

6. Eine Seelsorgerin und ein Seelsorger müssen die menschlichen, theologischen und sakramentalen Kompetenzen haben, die sie zu diesem Beruf brauchen. Dazu gehört auch ein voller Einsatz. Job-Mentalität ist nicht gefragt, wie übrigens in vielen anderen Berufen auch nicht. Auch ein Arzt, ein guter Lehrer oder ein Künstler üben keinen Job aus. Sie haben einen Beruf und damit eine Berufung. Ich denke aber, dass die zuständigen kirchlichen Stellen die Ordination der *viri probati* (verheiratete Männer, die sich in der Familie und in einem

kirchlichen Beruf bereits bewährt haben) und auch die Ordination der Frauen ernstlich vorantreiben sollten. Ob es dazu eines Konzils bedarf oder ob nicht die sprachregionalen Bischofskonferenzen in diesen wichtigen Anliegen entscheiden sollten, sei mindestens als Frage in den Raum gestellt (vgl. dazu das anschliessende Kapitel «Pfingsten muss weitergehen!»).

PFINGSTEN MUSS WEITERGEHEN!

An Pfingsten feiern wir alljährlich die Vollendung der ös-
terlichen Geheimnisse. Jesus hat der jungen Jerusalemer

Gemeinde seinen Geist unter den Zeichen von Feuer und Sturm geschenkt. Diesen Geist der Liebe und des Friedens weiterhin zu den Menschen zu bringen, ist die grosse Aufgabe der Kirche und der Seelsorge. Als ich vor fünfzig Jahren meine Aufgabe als Seelsorger übernommen habe, waren die Bedingungen für die Seelsorge ganz anders als heute. Dass seit dieser Zeit die Zahl der regelmässig am Gottesdienst Teilnehmenden von 36% auf etwa 8%–12% zurückgehen würde, das hat damals weder jemand gedacht noch voraussehen können. Die veränderten äusseren Bedingungen für die Seelsorge machen unseren Pfarreien und auch uns Seelsorgern und Seelsorgerinnen zunehmend schwer zu schaffen.

Wir können hier nicht ausführlich über die Gründe dieses grossen Wandels nachdenken. Das wurde seit vielen Jahren in Dutzenden von Untersuchungen wissenschaftlicher Art schon getan. Einig ist man sich in einem Punkt: Der Rückgang der regelmässigen Kirchgänger hat sehr viele und verschiedene Ursachen, und er ist eine Folge des gesellschaftlichen und kulturellen Wandels ganz allgemein, der noch keinen Abschluss gefunden hat. Die Studie von Alfred DUBACH/Roland CAMPICHE: *Jeder ein Sonderfall? Religion in der Schweiz,* Zürich/Basel 1993, über Religion und Religiösität in der Schweiz hat diesen soziokulturellen Wandel mit dem Stichwort «strukturelle Individualisierung» zusammenzufassen versucht.

Damit soll gesagt sein, dass es nur noch wenige gemeinsame gesellschaftliche Überzeugungen gibt, dass die meisten Menschen ihr Leben nach eigenem Gutdünken gestalten wollen und sich in der Welt sozusagen wie in einem grossen Supermarkt verhalten und immer gerade das auswählen und tun, was ihnen gefällt und sie besonders anspricht. Ein solches Verhalten wirkt sich auf dauernde Verpflichtungen und Bindungen und gegenüber Grossinstitutionen negativ aus. Christlicher Glaube und erst recht organisierte Religiosität, wie sie die Kirchen darstellen, erfordern einen gewissen Grad von Verbindlichkeit und Beständigkeit. Die gesellschaftliche Individualisierung hat auch zur Folge, dass die konfessionellen Milieus, die sich früher in der Verbandsarbeit und in der kath. Presse zeigten, weitgehend dahingeschmolzen sind.

Wie soll es weitergehen? Das fragen sich natürlich nicht nur die Bischöfe, Seelsorgerinnen und Seelsorger und Pfarreiräte, sondern auch viele engagierte Gemeindemitglieder, und das fragen natürlich auch die Wissenschaftler der Pastoraltheologie und Pastoralsoziologie. Zwar kann niemand die Zukunft mit Genauigkeit vorhersagen, aber viele Einsichten und Perspektiven zeigen auf, wie die Richtung aussehen könnte, die die Kirche in der Welt von morgen einschlagen wird. In zehn Punkten will ich versuchen, verschiedene Aspekte zusammenzutragen und zu systematisieren.

1 DER MENSCH STEHT IM MITTELPUNKT

Die Kirche als Ganze und die Kirche als Pfarrei müssen noch stärker als bisher ihren diakonischen Auftrag in den Vordergrund stellen. Das heisst: die Menschen sind nicht für die Kirche da, sondern die Kirche ist für die Menschen da. Alle, die in der Kirche als Hauptberufliche, Nebenberufliche oder Ehrenamtliche mitarbeiten, und alle Kirchenmitglieder müssen das klar sehen und bejahen. Und zwar gilt dieser dienende Auftrag der Kirche, den Jesus in der Fusswaschung beim Abendmahl symbolhaft dargestellt hat, für alle Bereiche des kirchlichen Lebens. Gottesdienst (Liturgie) und Glaubensverkündigung in ihren vielfältigen Formen sowie soziales Engagement (Caritas, Diakonie) müssen den Menschen dienen. Und nicht nur die verschiedenen Organisationsformen innerhalb der Kirche, sondern auch jeder einzelne Christ oder jede Christin sind zu dieser Grundhaltung aufgerufen, so wie es Jesus bei der Fusswaschung ausgesprochen hat: «Ich bin unter euch wie einer, der dient» (Lk 22,27).

2 IM KLEINEN BEGINNEN

Viele Menschen sind durch die strukturelle Individualisierung des heutigen Lebens verunsichert und suchen deshalb nach kleinen überschaubaren Gruppen, in denen sie die heutige Anonymität unserer Städte überwinden und sich öffnen und miteinander ins Gespräch kommen können. Von dieser Sehnsucht nach kleinen überschaubaren Gruppen profitieren auf der einen Seite die grosse Zahl von religiösen Gruppierungen und Sekten ausserhalb, wie auch die so genannten Bewegungen innerhalb der Kirche, etwa die *Focolar-Bewegung,* die Bewegung *Communione e Liberazione,* die *Charismatische Erneuerung* und andere. Ich selbst habe die Erfahrung gemacht, dass geführte Ehe- oder Familienrunden, Bibel- oder Hauskreise eine der besten Formen sind, um innerhalb der Pfarrei den Glauben besser kennenlernen und vertiefen zu können. Etwas Ähnliches geschieht in den Firmgruppen und im Religionsunterricht in den gegenüber früher eher kleinen Klassen oder in den so genannten Erlebnisnachmittagen. Auch die Erwachsenenvereine und Jugendorganisationen leisten hier nach wie vor einen wichtigen Beitrag.

3 ERFAHRUNG VOR ERKLÄRUNG

Wertvorstellungen und vor allem Wertverhalten werden nicht primär intellektuell weitergegeben, sondern durch gute Erfahrungen, also zu einem rechten Stück auf emotionaler Ebene. Und um Werte und entsprechendes menschliches Verhalten geht es ja in der religiösen Praxis. Ein Kind, ein Jugendlicher und ein Erwachsener werden zu glaubenden, hoffenden und liebenden Menschen, wenn sie bei einer guten Bezugsperson und in der Gemeinde selbst Glaube, Hoffnung und Liebe erfahren. Religiosität ist Deutung von Lebenserfahrungen. Ich sage das, ohne der Theologie als Wissenschaft ihren Stellenwert abstreiten zu wollen. Wir sollen auch mit dem Intellekt erkennen, was wir tun und glauben. Hineinwachsen in die Kirche, in eine Haltung des Glaubens und der spirituellen Orientierung geschieht üblicherweise so oder sollte so geschehen, dass das Kind mit den Eltern zu Hause betet, mit ihnen in die Kirche geht, den Gottesdienst als etwas Schönes oder Ergreifendes erlebt und dann die Eltern fragt, was denn das alles zu bedeuten habe. Dann folgt die Erklärung der Eltern und später auch der Religionslehrerinnen und Religionslehrer. Zuerst also Erfahrung und dann Erklärung. Das hat übrigens sehr viel Ähnlichkeit mit der Einführung in die Kunst. Wenn mir ein Bild, ein Gedicht oder ein Musikstück gefällt, dann möchte ich auch etwas wissen über den Maler, den Dichter oder den Komponisten. An dieser Stelle müssten wir uns fragen, ob wir in Zukunft nicht mehr Kräfte in die Arbeit mit jungen Eltern investieren müssen, vielleicht auf Kosten der sehr intensiven katechetischen Tätigkeit, die wir in den letzten Jahrzehnten stark in den Vordergrund gestellt haben.

Die strukturelle Individualisierung unserer Gesellschaft hat zur Folge, dass die verschiedenen Generationen heute in sehr unterschiedlichen Kulturen leben. Feststellbar ist das vor allem im Bereich der Musik, wo die Kinder meist ganz andere Musik hören als die Eltern oder die Grosseltern. Feststellbar ist es auch in der bildenden Kunst. In keinem Jahrhundert zuvor haben sich die Stilrichtungen so schnell abgelöst wie in unserem. Zudem haben wir heute eine Gleichzeitigkeit der verschiedensten Stilrichtungen. Da gibt es Tafelbilder im herkömmlichen Sinn, und zwar gegenständlich und ungegenständliche Kunst, aber auch so genannte Installationen und die Videokunst. Deshalb ist es auch anspruchsvoller geworden als früher, Gottesdienste zu gestalten, die alle ansprechen. Der traditionelle Gottesdienst entstammt weitgehend der Wortkultur, während die Jugendlichen vorwiegend in einer Kultur des bewegten Bildes aufwachsen. Darüber einmal gründlich nachzudenken und die Erkenntnis daraus in die Frage nach sinnvoller Gottesdienstgestaltung zu integrieren, ist das Gebot der Stunde.

Und weil so viele verschiedene Ansprüche an die Seelsorger und Seelsorgerinnen herangetragen werden, darum sind diese Berufe, in der Zeit, seit z. B. ich meine Aufgaben als Seelsorger übernommen habe, viel schwieriger und differenzierter geworden. In allen Bereichen der Seelsorge spielen die persönlichen Beziehungen heute eine eminent wichtige Rolle. Deshalb ist es notwendig, dass die Pfarreien weiterhin eine überschaubare Grösse haben mit einem oder mehreren Seelsorgern und Seelsorgerinnen, die die menschlichen, theologischen und sakramentalen Kompetenzen haben, die es für die Einzel-Leitung oder die Team-Leitung einer Pfarrei braucht. Von der Zusammenlegung mehrerer Pfarreien zu einem so genannten Seelsorgeraum halte ich nicht viel. Das ist wirklich nur eine Notlösung, solange die Zulassungsbedingungen zum sakramentalen kirchlichen Dienstamt nicht geändert werden.

5 DIE ORTSKIRCHE STÄRKEN

Wir sind damit bei strukturellen Fragen angelangt. Auch Bischöfe sind heute der Meinung, dass die Gesamtkirche nicht darum herumkommen wird, ihre sehr zentralistischen Leitungsstrukturen gründlich zu hinterfragen, wenn sie es auch nicht alle laut aussprechen. Hierarchie muss nicht gleich Monarchie sein. In der frühen und auch in der mittelalterlichen Kirche hatten sowohl die einzelnen Bischöfe wie auch regionale Bischofskonferenzen und Synoden viel mehr eigenständigen Spielraum als heute. Das wird etwa deutlich an den verschiedenen Gottesdienstriten, die es teilweise ja noch heute gibt. Im

Mittelalter existierten bis zu sechs Riten innerhalb der katholischen Kirche.

Bemerkenswert ist auch, dass selbst das Tridentinische Messbuch, von dem man heute glaubt, dass es seit seiner Promulgation (öffentliche Inkraftsetzung) im Jahre 1570 überall gültig gewesen sei, in manchen Bistümern erst im 19. Jahrhundert eingeführt worden ist. Eine noch grössere Vielfalt haben wir in den östlichen Kirchen, seien sie orthodox (selbständige Ostkirchen mit dem jeweiligen Patriarchen als Oberhaupt) oder uniert (Unierte habe ein eigenes Kirchenrecht, kennen z. B. verheiratete Priester, sind aber mit der römisch-katholischen Kirche verbunden).

Zudem ist es theologisch zweifellos so, dass der Papst in erster Linie Bischof von Rom ist und erst in zweiter Linie der erste der übrigen Bischöfe. Die zentralistische Kirchenleitung, wie wir sie heute durch die verschiedenen römischen Instanzen erleben, ist im Wesentlichen ein Produkt des 19. Jahrhunderts, des Ersten Vatikanischen Konzils von 1869/70 (Stichworte: Universaler Leitungsprimat und Unfehlbarkeitsdogma) sowie dem gleichzeitigen Ende des Kirchenstaates, das die weltliche Macht des Papstes auf 0.44 km^2 begrenzte.

Es ist zu hoffen, dass sich bei vielen Bischöfen allmählich die Erkenntnis durchsetzt, dass unbescha-

det des päpstlichen Einheitsdienstes viele Kompetenzen gemäss dem Subsidiaritätsprinzip wieder in
die einzelnen Regionen der Kirche zurückgegeben
werden sollten.

6 KONZENTRATION AUF DAS EVANGELIUM

Die christliche Botschaft ist die Botschaft vom Reich
Gottes in Frieden, Gerechtigkeit und Solidarität. Damit ist sie auch die Botschaft von der Liebe Gottes
zu uns Menschen, die stärker ist als alle menschliche
Schuld, als Tod und Untergang. In Jesus Christus ist
uns diese Botschaft leibhaft und glaubhaft erschie-
nen. Die Bücher der Bibel geben auf vielerlei Weise
Zeugnis dafür. Im Lauf der christlichen Jahrhunderte haben sich viele, teilweise interessante, teilweise
für uns heute merkwürdige theologische Lehren um
diesen biblischen Stamm herumgerankt. Für unser
tägliches Leben sollten wir uns vor allem an den
Stamm halten, an das Zentrale und Eigentliche der
christlichen Botschaft. Diese kann dann unserem Leben einen tiefen Sinn und Erfüllung geben: die Mit-
arbeit am Reich Gottes, am Aufbau einer friedlichen,
gerechten, ökologisch nachhaltigen und solidari-
schen Welt aus dem Geist Gottes für alle Menschen.
Die Frage nach einem solchen übergreifenden Sinn
des menschlichen Lebens ist heute die Grundfrage
jeglicher Religiosität überhaupt. Als Christen dürfen wir daran glauben, dass wir die Tage und Jahre

unseres Lebens nicht vor dem Horizont von Tod und Untergang verbringen müssen, sondern dass wir sie vor dem Horizont des ewigen Lichtes und des unvergänglichen Lebens, das wir Gott nennen, leben dürfen.

7 BERUFUNG NEU DEFINIEREN

Die Umstrukturierung, von der ich gesprochen habe, wird selbstverständlich nicht in zwei Tagen geleistet werden können, aber ich denke, dass sprachregionale Bischofskonferenzen, Bischofssynoden oder ein baldiges nächstes Konzil sie zügig an die Hand nehmen müssen. Diese Umstrukturierung betrifft auch die kirchlichen Berufe, von denen ich schon erwähnt habe, dass sie in den letzten Jahren viel anspruchsvoller geworden sind. Und in der Tat hat sich ja hier in den vergangenen Jahrzehnten schon vieles verändert. In meiner Jugend wusste ich, dass es Pfarrer, Vikare, Kapläne und Ordensleute beiderlei Geschlechts gibt, die in den Pfarreien hauptamtlich oder als Aushilfen tätig waren. Andere kirchliche Berufe kannte ich nicht.

All diese traditionellen Berufe gibt es heute noch. Wir wissen aber, dass ihre Zahl in Westeuropa und ebenso in der Schweiz während der letzten Jahrzehnte stark zurückgegangen ist und weiter zurückgehen wird. Die meisten Klöster und auch der Klerus in den Pfarreien ist überaltert. Besonders die

Kapuziner hierzulande mussten in den vergangenen Jahren manches ihrer Klöster schliessen und ihre Schulen den entsprechenden Kantonen übergeben. Ähnliches gilt auch für die Menzinger und Ingenbohler Schwestern und andere Gemeinschaften.

Für den Rückgang der genannten Berufe gibt es sehr verschiedene Gründe. Da ist einmal der schon genannte gesellschaftliche Vorbehalt gegenüber organisierter Religiosität, der gerade bei der jungen Generation besonders gross ist. Es kommt hinzu, dass in der früheren bäuerlichen und auch handwerklichen Kultur die Wahl eines geistlichen Berufes einen grossen gesellschaftlichen Aufstieg bedeutete, was sich in Entwicklungs- und Schwellenländern teilweise noch zeigt, aber in unserer unterhaltungs- und gewinnorientierten Gesellschaft nicht mehr der Fall ist. Der äussere Anreiz, einen solchen Beruf zu wählen, ist recht klein geworden. Der dritte Grund dürfte darin liegen, dass sich die Menschen mit dauernden Bindungen überhaupt sehr schwer tun, was beispielsweise die verbreitete Furcht vor der Eheschliessung auf Dauer zeigt (eine ehemalige deutsche CSU-Politikerin schlug sogar vor, die zivile Ehe auf eine überschaubare Zeit von sieben Jahren zu befristen). Die normale berufliche Laufbahn sieht heute so aus, dass man nicht bloss die Stelle, sondern auch den Beruf unter Umständen einige Male im Leben wechselt, also keinen Beruf wählen möchte, an den man für immer gebunden ist. Und der vierte Grund ist sicher die Verpflichtung zur Ehelosigkeit, die für die Priester ebenso gilt wie für die Ordensleute. Durch diese Verpflichtung haben wir in den vergangenen Jahrzehnten viele sehr gute Leute «verloren». Ich erachte deshalb die Überprüfung beider Voraussetzungen, die der Ehelosigkeit und der lebenslänglichen Bindung z. B. an den Pfarrerberuf als dringend notwendig. Warum könnte nicht jemand aus innerer und ganzer Überzeugung sich für zehn oder zwanzig Jahren in den kirchlichen Dienst stellen und dann zur Überzeugung kommen, dass er nun noch andere Seiten seiner Begabungen entwickeln möchte. Sicher ist der Pfarrerberuf eine Berufung. Das ist aber auch der Beruf des guten Lehrers oder einer engagierten Lehrerin, eines Arztes oder einer Ärztin. Und doch kann man diese Berufe ohne Prestige-Verlust aufgeben.

8 DEN DIENST BREITER ABSTÜTZEN

Zu diesen traditionellen kirchlichen Berufen sind vor allem wegen des Priestermangels in den letzten Jahrzehnten eine ganze Zahl neuer Berufe dazugekommen. Da sind besonders die Katechetinnen und Katecheten mit ihrer ganz auf den Religionsunterricht in seinen verschiedenen Formen ausgerichteten Ausbildung zu nennen, die heute aus den

Pfarreien nicht mehr wegzudenken sind. Da sind die kirchlichen Sozialarbeiter und Sozialarbeiterinnen, wie wir sie in immer mehr Pfarreien kennen. Und da ist der kirchliche Jugendarbeiter, der meist von der Sozialarbeit her kommt. Auch die Pfarreisekretärinnen müssen erwähnt werden, die heute in den grösseren Pfarreien all jene administrativen und organisatorischen Aufgaben wahrnehmen, die in früheren Zeiten vom Pfarrer selbst erledigt worden sind und ihres Umfangs wegen auch bewältigt werden konnten. Zudem leistet das Personal des Pfarrbüros oft den ersten seelsorglichen Dienst, damit sich der Besucher keiner Amtsstuben-, sondern einer Gemeindeatmosphäre gegenüber sieht.

Neben den eigentlichen kirchlichen Berufen, die vertraglich oder durch Ordination gebunden sind und entlöhnt werden, seien auch noch die meist ehrenamtlichen Dienste erwähnt: Lektoren und Lektorinnen, Ministranten und Ministrantinnen sowie Sängerinnen und Sänger im Kantorendienst. Die drei genannten Gruppen haben ihren Platz in der Liturgie. Ihre Dienste sind nicht nur Hilfsdienste, sondern gehören wesentlich in den Gemeindegottesdienst. Denn nicht der Priester ist der Träger der Liturgiefeier, sondern die ganze Gemeinde, jeder mit den Fähigkeiten, die er zur Bereicherung und zum Wohl des Ganzen einbringen kann. Das letzte Konzil selbst hat darauf ausdrücklich hingewiesen in seiner

Liturgiekonstitution vom 4.12.1963, Nrr. 28–29.

Ein besonderer Dienst ist der des Kommunionhelfers. In der Liturgiefeier selbst ist es ein blosser Hilfsdienst. Doch für die Pfarrei kann diese Aufgabe einen hohen Stellenwert bekommen, wenn zum Dienst innerhalb der Messfeier auch der Auftrag zur Krankenkommunion oder Hauskommunion hinzukommt. Vielerorts bringen die Kommunionhelferinnen und Kommunionhelfer im Anschluss an die Eucharistiefeier in der Kirche die Kommunion in die Häuser. So kann für viele Menschen, die früher regelmässig am Gottesdienst teilnehmen konnten, die Beziehung zur Gottesdienstgemeinde aufrechterhalten werden.

Alle diese Dienste zusammengenommen ergeben erst das lebendige Bild einer Pfarrei, die ja nicht eine blosse Verwaltungsgrösse, sondern eine vielfarbige Zelle von Kirche sein soll.

9 GLEICHES GLEICH BEHANDELN

Der jüngste all dieser Berufe ist der des Pastoralassistenten und der Pastoralassistentin (in Deutschland werden sie Pastoralreferentin und Pastoralreferent genannt). Er wurde vor etwa vierzig Jahren wegen des Priester- oder Pfarrermangels eingeführt. Die meisten Pfarreien sind mit diesem Beruf schon bestens vertraut. Aber nur wenige haben sich wohl schon darüber Gedanken gemacht, dass dieser Beruf eigentlich ein sehr unscharfes Berufsbild hat. Im Gegensatz zu den anderen erwähnten Berufen fehlt diesem nämlich das Besondere und Eigentümliche. Die Pastoralassistentin und der Pastoralassistent haben zwar die gleiche Ausbildung wie ein Pfarrer oder Vikar, sind aber nicht ordiniert oder «geweiht», wie man in einer nicht gerade glücklichen Übersetzung des Wortes *ordinatio* sagt, und sie haben darum in der Regel nur geringe sakramentale Kompetenzen, ja, in den meisten Diözesen dürfen sie nicht einmal während der Eucharistiefeier predigen, weil die Predigt nach dem Evangelium («Homilie») seit der Liturgiereform des Zweiten Vatikanischen Konzils integrierender Bestandteil der Eucharistiefeier ist und dem Vorsteher der Feier – dem Priester – oder dem Diakon zusteht. Eine theologische Begründung liefert das Kirchenrecht dazu nicht; auch die anderen offiziellen Dokumente und Verlautbaren (z. B. die *Instruktion «Redemptionis Sacramentum» über einige Dinge bezüglich der heiligsten Eucharistie, die einzuhalten und zu vermeiden sind* vom 25. März 2004) erklären die Einschränkung nicht.

Von der Ausbildung her sind die Pastoralassistenten und Pastoralassistentinnen Theologen und Theologinnen, Seelsorger und Seelsorgerinnen wie die Pfarrer und Vikare. Von den Kompetenzen her aber sind sie sehr eingeschränkt und haben deshalb auch sehr beschränkte Aufstiegschancen. So ist zu beobachten, dass immer mehr von ihnen nicht länger in der territorialen Seelsorge zu finden sind, sondern sich in der kategorialen Seelsorge engagieren; dazu gehören Spitäler, Heime, Strafanstalten, Schulen etc.

10 VIRI PROBATI

Die schwierige Situation der Pastoralassistentin und des Pastoralassistenten wird dort besonders deutlich, wo sie oder er heute aufgrund des Priestermangels die Stellung einer Gemeindeleiterin oder eines Gemeindeleiters übernehmen muss, ohne dass ihr oder ihm alle sakramentalen Kompetenzen übergeben werden, die es zur Gemeindeleitung eigentlich brauchte. Immer mehr erleben wir nun, dass das zu schwierigen menschlichen Problemen und auch zu Problemen für die Gemeinden führen kann. Deshalb wird die Ordination verheirateter Männer und die Ordination der Frauen diskutiert. Ich bin der Meinung, die Lösung dieses dringenden Problems sollten die verschiedenen Bischofskonferenzen selbst an die Hand nehmen können und nicht warten müssen, bis der schwerfällige vatikanische Apparat in Bewegung kommt. Wenn nämlich hier nicht bald eine gute Lösung gefunden wird, könnten wir in seelsorgliche Engpässe hineinlau-

fen, die dramatische Ausmasse annehmen werden.
Im Grunde geht es bei den fälligen Entscheidungen letztlich um die Alternative, ob wir eine sakramentale Kirche bleiben, also die Sakramente und die Eucharistiefeier beibehalten wollen, oder ob wir zu einer reinen Wortkirche werden wollen, was nicht einmal in der reformierten Kirche der Fall ist. Auch sie kennt die Sakramente der Taufe und des Abendmahles und die öffentliche Ordination eines Pfarrers, einer Pfarrerin. Auch für den Predigtdienst braucht es in den protestantischen Kirchen die Ordination. Eigentlich kommt nur das zweite in Frage, nämlich die Beibehaltung der Sakramente und der Eucharistiefeier. Deshalb muss die Ordination verheirateter Männer und auch die Ordination der Frauen in raschen Entscheidungen vorangetrieben werden.

Und soziologisch betrachtet kommt noch hinzu: Von der heutigen individualisierten Gesellschaft her muss einerseits die Pfarrei eine Grösse haben, die die persönlichen Kontakte untereinander und zu den verschiedenen Amtsträgern möglich macht. Anderseits müssen diese – wie oben bereits ausgeführt – mit allen persönlichen, intellektuellen, emotionalen und sakramentalen Fähigkeiten ausgerüstet sein, die sie für ihre je eigenen Aufgaben benötigen.